「彼と私がうまくいくために、心がけることは？」

「仕事のトラブル、どう乗り越えればいいの?」

まよったときの大ヒント

本書は、ビブリオマンシー（書物占い）です。
ビブリオマンシーの起源は、聖書とされ、
ひらいたページのなかの言葉を、
ご神託として受け取るというものだったようです。
ペンギンが占うこの本は、気軽に試せる「ヒント本」です。
心のなかに浮かんだ問いを、風にきくように、
楽しく使ってみてください。

つかいかた

まよったとき、なやんだときに、

1. 知りたいことを頭に思い浮かべて
2. パッと本を開く
3. そこにこたえが書いてある(たぶん)

「こたえ」は、直接的なものでないことが多いので、
言葉のしめす意味を大きくとらえて、
あなたの好きなように解釈してください。

質問例いろいろ

「今日はどんな日になる?」
「あの人は私のことをどう思っている?」
「週末、どんなことが起こる?」
「彼と私がうまくいくために、心がけることは?」
「仕事のトラブル、どう乗り越えればいいの?」
「苦手なあの人と、どう付き合えばいい?」
「どうすれば恋人ができますか?」
「夏休みの過ごし方のヒントをください」

「夢をかなえるには?」
「1年後のふたりの関係は?」
「生活で大事にすべきことは?」
「うちの子の将来は?」
「転職したらどうなる?」
「このまま会社にいたらどうなる?」
「いま、子育てで大切にすることは何?」
「どんな仕事が向いていますか?」
「どんな趣味が私に合っていますか?」
「5年後、私はどんな生き方をしていますか?」

連絡

思いがけない知らせが届く　まめに連絡する

信頼

順調

マジック

ミラクルなできごとが起こる　サプライズを計画する

居場所

安心

憧れ

夢を持つ　理想の人に出会う

自立

独立する　依存するのをやめる

警戒

注意深く物事を進める　判断をいそがない

自由気まま

スタート

新しいことが始まる　成長していく

すてきな
出会い

ギフト

発見

大事なことに気づく　隠されている事実を知る

アイデア

よい案が浮かぶ　ひらめきを大切にする

マイペース

尊敬

大きくて広い心の持ち主　どんなときも全力を尽くす

大丈夫

そっと見守る　先のことを心配しすぎない

シンパシー

波長が合う　気持ちを感じとる

片思い

恋をする　気持ちを伝える

大事

身近にいる大切な存在　ていねいに扱う

小さな幸せ

心を許す

ストップ

立ち止まって考える　続けていたことをやめる

マッサージ

からだをほぐす　心をほぐす

シャンプー

気分転換の方法を見つける　身なりを整える

並ぶ

対等の関係　一緒に行動する

流れに
身を任せる

地道

喜び

よい知らせ

ソウルメイト

甘える

身近な人に頼ってみる　弱さをさらけ出す

追いかける

好きなことを見つける　好奇心のままに進む

はじける

ミステリアス

休息

目標

目標を立てる　同じ夢を目指す

悩みの種

悩みの正体を明らかにする　じっと考える

なでる

動物とふれあう　他人と交流する

様子を見る

楽しい

楽しむ　楽しいほうへ進む

未来

先を見る　現在は未来につながっている

競う

競争を楽しむ　よいライバルの存在

めまぐるしい
変化

真面目

宝物

自分だけの宝物を見つける　価値を見いだす

再会

ふたりの時間

だらける

何もしないという贅沢　リラックスする

ダンス

頭を空っぽにして動く　からだの声を聞く

愛する

学ぶ

まねをして学ぶ　憧れの存在に近づく

少し離れる

秘密

誰にも言わない　思いを胸に秘める

幸運

違和感

小さな違和感を見逃さない　一度立ち止まってみる

トラブル

スムーズ

飛躍

ライバル

気になる存在に出会う　お互いを高め合う

議論

クール

年下

年下の意見を取り入れる　年下の友だちをつくる

山あり谷あり

ハグ

眠る

遊ぶ

耳を傾ける

けんか

自分の気持ちを正直に言う　ぶつかりあって絆が強まる

仲直り

仕切り直す　気持ちが通じ合う

多様性

違いを楽しむ　異文化に触れる

観察

驚き

風に乗る

敵対

前を向く

見守る

ハロー

新しい場所　新しい出会い

別れる

別の道を進む　すれ違う

味方

未知

愛でる

愛して大切にする

ほどよい距離

成功

勇気

大好き

金運

金運がアップする　ごほうびをもらう

仕事

好きな仕事を見つける　いい仕事をする

収穫

ものごとがうまく進む　成果をあげる

楽観的

ものごとの明るい面を見る　今現在に集中する

泳ぐ

すいすい進む　水に親しむ

姿勢を正す

仲間

プライド

誇りを持つ　自分を大切にする

タッチ

関わりを持つ　五感を大事にする

まかせる

相手の好きなようにさせる　信頼してゆだねる

勢いよく進む

積極的

自分から進んで働きかける

満たされる

ありのままでいる　素直になる

絵の名前

① カモメとペンギン
② ネコとペンギン
③ ゾウとペンギン
④ ハトとペンギン
⑤ パンダとペンギン
⑥ ロバとペンギン
⑦ クマとペンギン
⑧ ミーアキャットとペンギン
⑨ キツネとペンギン
⑩ 蝶とペンギンⅠ
⑪ 尺取虫とペンギン
⑫ あひるとペンギンⅠ
⑬ 貝とペンギン
⑭ ラッコとペンギン
⑮ ハチドリとペンギン
⑯ カメとペンギン
⑰ シロクマとペンギン
⑱ うさぎとペンギンⅠ
⑲ エトピリカとペンギン
⑳ ツノメドリとペンギンⅠ
㉑ 文鳥とペンギンⅠ
㉒ 文鳥とペンギンⅡ
㉓ 文鳥とペンギンⅢ
㉔ バクとペンギン
㉕ アライグマとペンギンⅠ
㉖ アライグマとペンギンⅡ
㉗ ペンギン座りのネコとペンギン
㉘ イカとペンギン
㉙ 微生物とペンギン
㉚ 雪虫とペンギン
㉛ 蝶とペンギンⅡ
㉜ あひるとペンギンⅡ
㉝ 羊とペンギン
㉞ 子羊とペンギン
㉟ イルカとペンギンⅠ
㊱ コウモリとペンギン
㊲ ダックスフントとペンギン
㊳ 柴犬とペンギン
㊴ リスとペンギンⅠ
㊵ 垂れ耳うさぎとペンギン
㊶ アシカとペンギン
㊷ イルカとペンギンⅡ
㊸ サイとペンギン
㊹ うさぎとペンギンⅡ
㊺ ネズミとペンギン
㊻ トナカイとペンギン
㊼ カタツムリとペンギン
㊽ ウミガメとペンギン
㊾ パンダとペンギンⅡ
㊿ パンダとペンギンⅢ

(51) ツノメドリとペンギンⅡ
(52) ツノメドリとペンギンⅢ
(53) ツルとペンギン
(54) シマウマとペンギン
(55) てんとう虫とペンギン Ⅰ
(56) てんとう虫とペンギンⅡ
(57) アリとペンギン Ⅰ
(58) アリとペンギンⅡ
(59) カバとペンギン
(60) プランクトンとペンギン
(61) カラスとペンギン
(62) カンガルーとペンギン
(63) イグアナとペンギン
(64) リスとペンギンⅡ
(65) ラクダとペンギン
(66) コアラとペンギン
(67) 眠るネコとペンギン
(68) 跳ぶネコとペンギン
(69) オウムとペンギン Ⅰ
(70) オウムとペンギンⅡ
(71) オウムとペンギンⅢ
(72) タコとペンギン
(73) モグラとペンギン Ⅰ
(74) モグラとペンギンⅡ
(75) トンボとペンギン
(76) カマキリとペンギン
(77) カニとペンギン
(78) スズメとペンギン
(79) ヤドカリとペンギン
(80) カモとペンギン
(81) ハムスターとペンギン
(82) ハリネズミとペンギン Ⅰ
(83) ハリネズミとペンギンⅡ
(84) シカとペンギン
(85) ホタルとペンギン
(86) ライオンとペンギン
(87) トイプードルとペンギン
(88) サカナとペンギン Ⅰ
(89) サカナとペンギンⅡ
(90) サカナとペンギンⅢ
(91) カエルとペンギン Ⅰ
(92) カエルとペンギンⅡ
(93) ミミズクとペンギン Ⅰ
(94) ミミズクとペンギンⅡ
(95) 馬とペンギン
(96) アルパカとペンギン
(97) テリアとペンギン
(98) イノシシとペンギン
(99) ウリボウとペンギン
(100) アザラシの赤ちゃんとペンギン

ペンギンうらない 金と銀

2021年10月26日　第1版第1刷発行

著　者　**坂崎千春**
発行者　**樋口裕二**
発行所　**すみれ書房株式会社**
　　　　〒151-0071　東京都渋谷区本町6-9-15
　　　　https://sumire-shobo.com/
　　　　info@sumire-shobo.com〔お問い合わせ〕
デザイン　**佐藤亜沙美**（サトウサンカイ）
印刷・製本　**中央精版印刷株式会社**

©Chiharu Sakazaki
ISBN978-4-909957-21-4　Printed in Japan
NDC590　207p　16cm

本書の全部または一部を無断で複写することは、著作権法上の例外を除いて禁じられています。造本には十分注意しておりますが、落丁・乱丁本の場合は購入された書店を明記の上、すみれ書房までお送りください。送料小社負担にてお取替えいたします。
本書の電子化は私的使用に限り、著作権法上認められています。ただし、代行業者等の第三者による電子データ化及び電子書籍化は、いかなる場合も認められておりません。
＊本書は2018年に文響社より発売された『ペンギンうらない』の新装版です。

〔本書で使った紙〕
本文　　b7ナチュラル
カバー　サガンGA　プラチナホワイト
帯　　　サガンGA　プラチナホワイト
表紙　　サガンGA　プラチナホワイト
ボール　NPCC　#28

「成功の鍵は?」

「今のわたしに足りないものは?」

「あの人は今、何を考えている？」